RICARDO DÍEZ SANCHÍS

COMPRÉ UN SACO...
Y AHORA ¿QUÉ HAGO?

Título: COMPRÉ UN SACO..Y AHORA ¿QUÉ HAGO?
Autores: RICARDO DÍEZ SANCHÍS

Editorial: WANCEULEN EDITORIAL
Sello Editorial: WANCEULEN EDITORIAL DEPORTIVA

ISBN (Papel): 978-84-18262-07-4
ISBN (Ebook): 978-84-18262-08-1

DEPÓSITO LEGAL: SE 331-2020

Impreso en España. 2020

WANCEULEN S.L.
C/ Cristo del Desamparo y Abandono, 56 - 41006 Sevilla
Dirección web: www.wanceuleneditorial.com y www.wanceulen.com
Email: info@wanceuleneditorial.com

ÍNDICE

Dedicatoria

Curiosamente un libro dirigido a personas que se inician en el mundo del boxeo yo quiero dedicárselo a algunos nombres propios de nuestro boxeo y que a mí me han influenciado muy positivamente.

Baltasar Belenguer "Sangchili", valenciano igual que yo, fue el primer español en convertirse en Campeón del Mundo de Boxeo el 1 de junio de 1935, en este recorrido por la historia de nuestro boxeo no quiero olvidarme de Paulino Uzcudun, este vasco Campeón de España y de Europa de los Pesos Pesados dio el salto a EEUU en 1927 y allí se enfrentó a los más grandes de la época, nombres como Max Baer, Max Schmeling, Primo Carnera y el 13 de diciembre de 1935 en el Madison Square Garden de Nueva York se enfrentó al legendario Joe Louis.

Otro grande de nuestro boxeo es el gran Pedro Carrasco, el 5 de noviembre de 1971 se convertía en el tercer español Campeón del Mundo de Boxeo, el segundo fue José Legra, cubano de nacimiento, español de adopción, este boxeador der risa contagiosa vence el Campeonato del Mundo un 24 de julio de 1968.

No quiero olvidarme de José María Martín "Búfalo", sin duda, el entrenador más internacional que ha tenido el boxeo español, viajó a EEUU y entrenó a tres Campeones del Mundo: Azumah Nelson, Nana Kodnadu y el legendario "Guerrero Mexicano", Julio Cesar Chávez. Llego a rumorearse que tras la muerte de Cus D´Amato le ofrecieron entrenar a Mike Tyson.

Todos ellos tienen toda mi admiración y respeto porque escribieron algunos de los mejores capítulos de la historia del Boxeo en España.

Agradecimientos

A mí mujer, Esther Cárdenas, que comparte mí locura por los deportes de contacto.

A mis perretes, Orco y Gorgo, ellos son la mejor manera de desconectar. Y no quiero olvidarme de mis perretes que siguen estando sin estar: Lobo. Colmillo, Draven y por supuesto, mí princesita Xena.

A Mis padres Ricardo y María, mi padre hace tiempo que se fue, pero sus consejos siguen presentes. Mi madre sigue sin entender porque elegí el camino de las Artes Marciales, pero ha ido aprendiendo a aceptarlo.

A mis hermanos Raúl y María del Mar, a sus parejas, Belén y Sergio Y por supuesto, a mis sobrinitos Paula y Hugo.

A Manel Berdonce (Berdonce Boxing Studio), por su apoyo y sus magistrales lecciones de Boxeo.

A Billy White (alumno del legendario Cus D´Amato) por confiar en mi para divulgar el estilo del Peek-a-boo en castellano.

A Franco Vacirca, por confiar en mi trayectoria para formar parte del Staff de la organización Gracie Jiu Jitsu Network Europe (GJJNE).

A Peter Teijsse (Entrenador de Emelianenko Fedor y propietario de la Fight Academy Amstelveen).

A Ramón Olaso, periodista y alumno de boxeo, por el prólogo de este libro.

A Mario Quero Mengual, alumno y autor de las fotos que acompañan a este texto.

A Antonio (Editorial Wanceulen), siempre apostando por mi trabajo sin ningún tipo de fisura.

A Manuel de la Clínica Veterinaria Valls de Gandía, por obrar el "milagro" de salvar a mi perrita Gorgo.

Siempre agradecido a Reyes, una profe que tuve en EGB que detecto en mí cierta facilidad para escribir, muchos años después sus palabras me ayudaron a decidirme para plasmar mis conocimientos y experiencias en el papel.

Ricardo nace en Canals, el día 12 de enero de 1971.

En el año 1998 decide empezar a escribir sobre todo lo que había aprendido en los tatamis, manda artículos a todas las revistas especializadas, pero ninguno de sus textos es publicado, hasta que en noviembre de ese mismo año la revista "Inter Gym´s" publica por primera vez uno de sus artículos.

Poco a poco se va convirtiendo en un habitual de esta publicación, eso hace que el resto de publicaciones españolas, piensen en él para que colabore en sus revistas y así Ricardo se incorpora al equipo de la revista "DOJO", también ahí se hace con unas páginas fijas cada mes, pero Ricardo sigue trabajando y también los lectores de Artes Marciales empiezan a encontrar sus trabajos en revistas como "El Budoka" o "Golden Dragón".

En el año 2001, la revista "Inter Gym´s" le concede el premio nacional al mérito deportivo "Inter Gym´s de oro" por su labor de difundir y promocionar las Artes Marciales.

Pero probablemente sea el año 2003, el momento más importante en la trayectoria de Ricardo como escritor de Artes Marciales, en septiembre de ese año la Editorial Alas de Barcelona decide publicar su primer libro: "Bruce Lee, siempre".

Incansable en sus objetivos, en la mente de Ricardo empieza a fraguarse una idea utópica, imposible, dirigir su propia publicación, durante meses se reúne con Alejandro Iglesias y el staff de S.H.O.O.T., y de esas conversaciones nace el plan de empresa de una revista dedicada exclusivamente a las MMA y deportes de contacto.

El proyecto es presentado a la Editorial Alas y en octubre de 2003 aparecía en los kioscos la revista "CROSSCOMBAT".

Durante el año 2005 Ricardo compagina su trabajo como director de CROSSCOMBAT con su incorporación al equipo de S.H.O.O.T. dentro del departamento de prensa.

Tras cinco años y veinticinco números en los kioscos de España, en noviembre de 2007 la revista "CROSSCOMBAT" desaparece, sin duda, ese fracaso queda grabado en la memoria de Ricardo, que no tiene más remedio que rehacerse y trabajar en nuevos proyectos.

En enero del 2008 se incorpora a la Federación Española de Lucha como responsable del departamento de prensa y en noviembre de ese mismo año, pone en marcha, la revista oficial de esta federación "Al tapiz".

A finales de agosto de 2009 publica con la Editorial Wanceulen de Sevilla, su segundo libro: "Pelea" y a finales de ese mismo año, publica su tercer libro: "Cuando el Arte se convierte en Ciencia".

En el año 2010 vuelve a incorporarse a la empresa S.H.O.O.T., en esta ocasión, como Director de Expansión de esta franquicia y crea la revista "SHOOTERS", durante dos años trabaja en esta empresa abriendo un total de 28 academias.

En el 2012 empieza a entrena a su esposa, la luchadora profesional de MMA, Esther Cárdenas, un referente de las MMA femeninas en nuestro país y juntos crean el equipo X-treme Fighters en 2015.

En 2019 publica su cuarto libro: "Biomecánica en los Deportes de Contacto", libro avalado por la Federación Española de Kickboxing y Muay Thai y la Federación Española de Luchas Olímpicas.

En la actualidad además de impartir clases de MMA y boxeo, como escritor trabaja con la Editorial Wanceulen de Sevilla y las revistas de Artes Marciales: "Cinturón Negro" y "DragónZ".

En el ámbito de la gestión deportiva trabaja con la Gracie Jiu Jitsu Network Europe (GJJNE), además de colaborar de manera puntual con la Federación Española de Kickboxing y Muay Thai.

Prólogo

Botellines dispersos, sin orden definido, sobre una mesa de plástico negro, acompañados de algunos chupitos vacíos, que antes contenían anís, repartidos aquí y allá en aquel espacio cuadriculado. Columnas de humo que ascienden en sentido vertical, desde los dedos de alguno de los comensales, y otras que son expulsadas, formando una elegante línea horizontal, por las fauces de un dragón humano.

El fragor de aquella inocente y divertida batalla se pierde en un cielo azul que empieza a oscurecerse, ante el inminente avance de las sombras de una noche que acecha sin permiso a los últimos rayos de sol que se mantienen en pie.

Están en la terraza de un café ubicado en una plaza céntrica, amplia, rodeada a un lado por un antiguo cine que conserva su fachada original, pero que ha dejado de hacer magia y crear sueños para convertirse en un edificio de oficinas. En su estómago ya no hay parejas de enamorados que aprovechan la falta de luz para darse uno, o varios, besos furtivos, ya no se escucha el murmullo de la gente ante el inminente inicio de la desconexión temporal del mundo real, ya no hay gritos involuntarios de sorpresa frente a una imagen que te absorbe sin remisión, te hace suya. Ahora, entre las paredes de la panza de aquella ballena, que todavía rezuma la esencia de pinochos de madera, se ha instalado la mediocridad más absoluta.

Al otro lado hay varios edificios municipales, entre los que destaca una biblioteca. De sus puertas salen letras, frases, párrafos, historias que hablan de dragones, de caballeros y de princesas, en definitiva, de relatos con finales felices y tristes. Por sus escaleras, que conducen a las plantas superiores, se desliza, como una serpiente gigante, el silencio de las estudiantes y los estudiantes que aprovechan el remanso de aquel lugar para absorber conocimientos.

En el exterior, entre los columpios que dan vida a aquel lugar de tránsito de personas que van y vienen, las niñas y los niños disfrutan de su inocencia, de su falta de responsabilidad en una sociedad que ya les pasara la correspondiente factura. Mientras tanto, las madres contemplan a las criaturas nacidas de sus entrañas, al tiempo que preocupadas las persiguen, ellas y ellos huyen, con los últimos restos de una merienda cena que quieren que se terminen para que crezcan sanas y fuertes.

Del bar se escuchan los acordes de la versión que el grupo de ska punk de Los Ángeles, California, The Interrupters, ha hecho del tema de Billy Eilish 'Bad Guy'. De repente, al mismo tiempo que suena la música, de aquella mesa que habíamos dejado olvidada, estalla la bomba. Uno de los allí presentes hace una revelación inesperada.

-He decidido que voy apuntarme a clases de boxeo.

Un mutismo absoluto envuelve aquel reducto que minutos antes era una zona de jolgorio. A su alrededor siguen las voces elevadas de tono y las carcajadas profundas. Ellos se han convertido en una pequeña isla cubierta por una sábana que los mantiene aislados de la francachela general. Todos se han quedado paralizados. Como si hubieran apretado el pause y cada uno de los allí presentes estuviera congelado. En cuestión de segundos recobran el calor de la vida. La sangre vuelve a fluir por sus venas. La primera reacción es de risotadas incrédulas. La segunda de burlas generalizadas.

- Pero qué dices. Si tú no tienes ni idea de boxear. Anda corre, ves al váter y mírate en el espejo, piltrafilla.

El alcohol que corre por sus venas, junto con la nueva canción del grupo norteamericano, que se desliza por el ambiente, 'Gave you Everything', correspondiente a su tercer álbum, Fight the Good Fight, título, que por cierto, se acopla a la perfección al tema de conversación que llevan entre manos, así como a la histriónica vociferación de aquel conjunto de amigos, hace que al unísono se pongan en pie, excepto el afectado, que permanece sentado recibiendo, antes de empezar su viaje por el mundo de la lucha, los primeros golpes en forma de mofas, y empiecen a hacer una parodia del mundo, ya lo aprenderá más adelante, en el que te juegas la cara. Mueven los brazos como aspas de molino y las piernas se desplazan inconexas en una danza ridícula.

-Qué te crees, Rocky? Jajajajajajajajajaja.

Aquella expresión mínima de la risa de dos sílabas, que puede usarse como adjetivo o como sustantivo masculino, son jabs que como una mosca molestan más que hacen daño en su rostro. Son el anticipo de la combinación de golpes duros y profundos que se desencadenarán a posteriori. Eso, todavía no lo sabe, será una de las muchas lecciones que recibirá en sus clases.

Ya en casa, cubierto por las sábanas, con la cabeza apoyada en el cojín, no está borracho, él nunca acaba en ese estado, esa es la ventaja que tiene a la hora de aprender un nuevo deporte, es un poco atleta y está en muy buena forma física, cierra los ojos y se deja llevar. Se ve en un ring, enfrentándose a alguien, en su fantasía solo es una sombra, quizás sus propios fantasmas, mientras, como en las películas, el público enfervorizado lo anima y su entrenador le da consejos en la esquina, aunque no se les escucha. Solo mueven los labios. Está él, sudando, con una ceja partida, y su cerebro que lo impulsa a no rendirse. Después comprobará que la realidad supera, y mucho a la ficción.

Le habían dado la dirección de un gimnasio donde se hacía boxeo. Allí se presenta como un hidalgo de los de lanza en astillero, adarga antigua, rocín flaco y galgo corredor.

Cumplimenta toda la documentación, paga y tiene su primera clase. Le prestan unos guantes. Le ha gustado. Es un sueño hecho realidad. Aunque se ha dado cuenta que aquello es más complicado de lo que imaginaba, no se rinde. Al día siguiente se compra un pack económico, cuando conozca más alumnos comprobará que la mayoría optó en su momento por el mismo conjunto, los novatos son así, todos beben del mismo abrevadero, que consta de guantes, vendas y un bucal. Después de esa vinieron muchas más. Cada día que pasa se siente más ridículo. Se mira al espejo y ve a un molino que mueve sus aspas a lo loco, que deja espacios por todos lados para que los puñales penetren de forma sencilla. Es un quijote que se lanza con su caballo, en una carrera valetudinaria, a pecho descubierto, a enfrentarse a gigantes.

-Tienes que ser compacto. Una muralla. Cerradito. Los puños van y vuelven rápidamente al mismo sitio. Lo que está en juego es tu rostro.

La información le llega en avalanchas. Anda muy perdido. Cuando cierra los ojos en el tálamo ve una flor de bellos colores que se pliega y esconde su belleza. Se compacta. Se cierra y niega su hermosura a todo el que quiere observarla. Se convierte en un bulto cerrado que pasa desapercibido. Diría más, que causa aprensión. Luego se transforma y, como decía Muhammed Ali, vuela como una mariposa y pica como una abeja. Comprueba que el boxeo es técnica pura. Hay que conjugar brazos, piernas y superar el miedo, muchos lo llaman adrenalina, pero es pánico. Cuando tienes un rival delante que busca impactar en tu faz todo el castillo de naipes se derrumba. Lo aprendido se pierde por el sumidero de la angustia. Los fallos se encadenan y te conviertes en un saco que no deja de recibir golpes.

Sin olvidarte de las piernas. Las suyas son una construcción de palillos que se desmontan y se entrecruzan una y otra vez.

-Los puños golpean, pero son las piernas las que boxean. Todo está en ellas.

Le repite el entrenador todos los días. Es una cantinela que le retumba en su cerebro.

-Los pies nunca paralelos. Tienes que tener una base sólida.

Luego está el crochet, el hook y el uppercut. Pero los golpes, para poder ejecutarlos a la perfección, debes de acoplarlos a la postura correcta. No vale cualquier posición del brazo o del puño. Y luego el juego de cadera, que es la que impulsa y hace que tus impactos sean lo más contundentes posibles. Sin olvidar las esquivas como hombro al suelo y pasar el golpe. Todo un repertorio de concusiones y acciones que has de combinar delante de alguien que busca dejarte K.O.

También tienes que salir de entre las bambalinas para interpretar un papel. Tienes que darle un estilo a tus movimientos. Has de tener una parte de actor en aquel espectáculo.

Complicado? Sí, para que voy a engañarte, pero fascinante. Una experiencia única que equilibrará tu interior. Mantendrás la serenidad bajo presión porque cuando domines un poco este juego te darás cuenta que siempre tienes que llevar un mapa en tu cabeza. Tener un plan. Poco a poco iras construyendo tu puzle y saboreando la esencia de este deporte.

-La fama cuesta y aquí es donde vais a empezar a pagar con sudor.

Gracias Ricardo por permitirme participar en este fascinante proyecto literario.

Ramón Olaso

Periodista y alumno de boxeo

Introducción. Quiero ser como Rocky

- 19 -

Has decidido cambiar tus hábitos de vida, así que pasaste por una de esas megas tiendas del deporte y sé te ha ocurrido comprar un saco y un par de guantes para ponerte en forma, OK aplaudo tu decisión, pero antes de que empieces a golpearlo, es muy importante que tengas unas nociones básicas para evitar lesiones.

El saco como compañero de entrenamiento tiene dos ventajas: Entrena con nosotros siempre que queremos y lo más importante, no devuelve los golpes, o no debería.

Lo primero que veremos será ejercicios para acondicionar tu cuerpo, compraste el saco para cambiar a una forma de vida más saludable, ¿No? La práctica del saco te ayudará a descargar todas las tensiones, a bajar de peso, ya que trabaja toda la capacidad aeróbica y te obligará a gastar las energías que toma el tejido graso, si lo practicas en la medida justa te puede ayudar también a subir la masa muscular.

Trabaja desde la fuerza a la coordinación y no desde la hipertrófia, que es el aumento del diámetro del músculo, el saco trabaja con la resistencia, no aumenta el volumen del músculo sino el tono.

Podéis por medio del saco, ganar más fuerza, velocidad y coordinación, te ayudará a mejorar el sistema cardiovascular y el respiratorio, eliminará los deshechos corporales y los metabólicos, te ayudará además a afinar la cintura y el abdomen, debido a las rotaciones del torso.

También veremos cuál es la mejor manera de proteger nuestras manos para evitar cualquier tipo de lesiones, NO somos profesionales, así que nuestro principal objetivo es DIVERTIRNOS, luego por supuesto, ponernos en forma, mejorar nuestra imagen y por último, aprender a golpear.

¿Qué te aporta un entrenamiento con saco de boxeo?

Los beneficios de incluir el saco de boxeo en tus entrenos son múltiples porque en un único ejercicio, que puedes adaptar a tu condición física, estarás haciendo, al mismo tiempo, un trabajo intenso de fuerza acompañado de un entreno aeróbico del que no siempre se es consciente pero que es realmente importante. Ejercitándote con el saco de boxeo conseguirás:

- Mayor potencia. Golpear el saco supone realizar un entrenamiento de fuerza explosiva. En un único movimiento, tu musculatura se tensa, se contrae al máximo y descarga toda su energía con un gran impulso. En un buen golpe bíceps, tríceps y deltoides dan lo mejor de sí logrando un desarrollo óptimo del tren superior.

- Core y abdominales como rocas. No son solo los puños los que trabajan duro. Entrenar con un saco de boxeo implica giros y rotaciones del conjunto del tronco y ejercitar a fondo toda la musculatura abdominal.

- Entrenamiento aeróbico ideal para quemar calorías. El movimiento constante, incluyendo pequeños saltos, es básico a la hora de golpear el saco. Esto supone un ejercicio aeróbico de alta intensidad, ideal si tu objetivo es la quema de grasas y la pérdida de peso. La mejora en la capacidad de respiración de los pulmones y los beneficios del entreno con saco para el sistema cardiovascular, están demostrados.

- Equilibrio y coordinación. Ese "juego de piernas" debe acompasar perfectamente tus golpes en el saco. Al principio no es fácil, pero a base de entrenar, lograrás una perfecta armonía. Con estos ejercicios, mejorarás en equilibrio, agilidad y ligereza de movimientos bien coordinados.

- Músculos tonificados. Los ejercicios de entrenamiento con saco tonifican y moldean no solo la musculatura de los brazos sino la de todo el cuerpo, moldeando y definiendo la silueta como pocos entrenos.

- Suelta estrés y adrenalina. Es otro de los grandes beneficios de incluir el saco de boxeo en tus entrenos. Soltando tus puños y estirando bien tus brazos es fácil deshacerte del estrés y la tensión acumulada, tal vez, tras una dura jornada de trabajo. Golpear el saco de boxeo es terapéutico. Desde lo emocional, previene y disminuye algunos síntomas de estados patológicos de ansiedad, depresión, trastornos de hiperactividad y supone una actividad perfecta para liberarse de las tensiones y el estrés diario.

Pero, ¿sabes qué es lo mejor? Que no importa tu condición física, sexo ni edad para comenzar a hacerlo. Basta tu voluntad.

El cuidado de nuestras manos

- 23 -

Es cierto, lo reconozco, en lugar del título de un capitulo para un libro que pretende enseñarnos como golpear un saco, parece que vaya a anunciaros una crema hidratante para las manos, pero bueno, antes de empezar a golpear el saco hay dos cosas muy importantes que deberemos tener muy en cuenta: el vendaje y la forma correcta de cerrar el puño.

El vendaje

Es difícil aprender la forma correcta de hacer un buen vendaje para un boxeador profesional, es cierto, pero si conocemos cuales son las partes más frágiles de nuestros puños, aquellos puntos que están más expuestos a una lesión tendremos muy claro las zonas a proteger.

Hay tres cosas que pueden hacer que tengamos que interrumpir nuestro entrenamiento con el saco:

a) Las muñecas

b) El dedo pulgar (el dedo gordo)

c) Quemar la zona de los nudillos.

Teniendo claro las zonas de nuestras manos que con más facilidad se pueden dañar, lógicamente las vendas tienen que cubrir esas zonas.

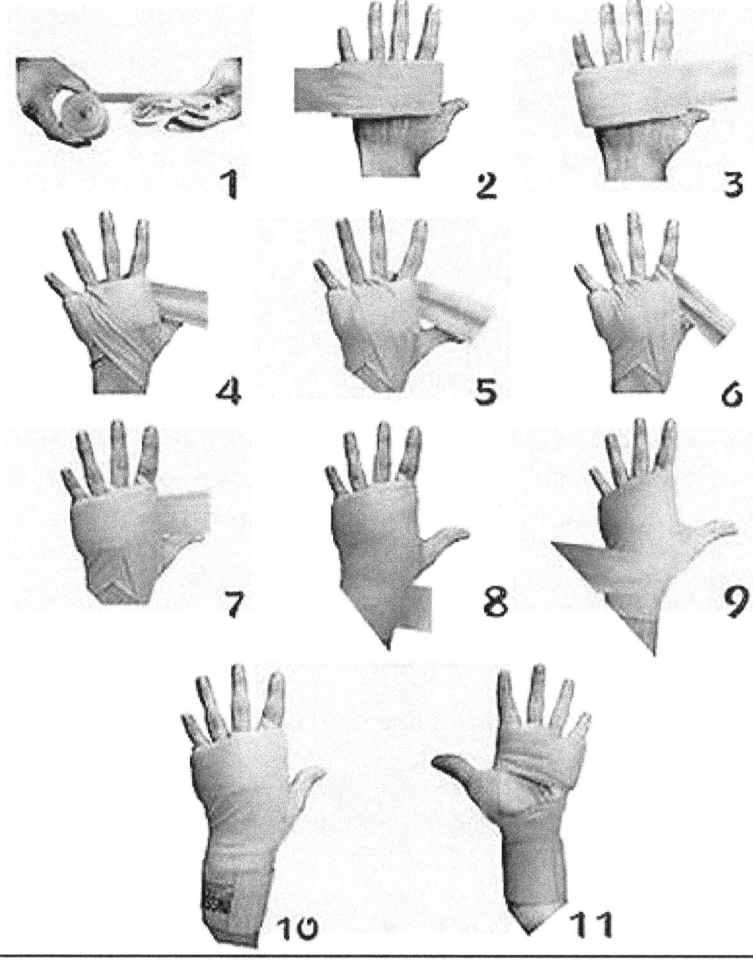

La forma correcta de cerrar el puño

Cerrar el puño puede parecer sencillo e incluso obvio, pero es mejor que aprendamos la manera de hacerlo correctamente si queremos evitar molestias o lesiones.

El primer paso sería extender los dedos de la mano, menos el pulgar. Mantén la mano recta y, de manera natural, extiende los cuatro dedos. Ejerce presión para que queden juntos, y deja el pulgar relajado.

La mano debe verse de manera similar a como la colocas para dar un apretón de manos.

Aprieta los dedos de la mano con la suficiente presión como para convertirlos en una masa sólida. No deben dolerte ni estar rígidos, pero no tiene que haber espacios o huecos entre ellos.

El segundo paso será enroscar los dedos. Dobla los dedos hacia la palma de la mano. Enróllalos hasta que la yema de cada dedo se toque con su base correspondiente.

En el tercer paso, debes doblar los dedos en el segundo nudillo. Las uñas tienen que estar claramente visibles, y el pulgar debe mantenerse flojo al costado de la mano.

Enrosca los dedos doblados hacia adentro. Continúa enroscando los dedos en la misma dirección, de modo que los nudillos base salgan a relucir y los otros nudillos se metan hacia adentro.

Durante este paso, en realidad doblarás los terceros nudillos, los que están más hacia el extremo de los dedos. Las uñas deben desaparecer parcialmente dentro de la palma de la mano.

El pulgar todavía debe mantenerse flojo durante este paso.

En el último paso, pliega el pulgar hacia abajo. Dobla el pulgar hacia debajo de modo que se pose a lo largo de la mitad superior del dedo índice y del dedo mayor.

El lugar exacto del pulgar no es tan importante, pero debe estar plegado hacia abajo, nunca suelto.

Si presionas la yema del pulgar al pliegue del segundo nudillo del dedo índice, puede que minimices el riesgo de dañar los huesos del pulgar.

Plegar el pulgar debajo del dedo índice y el dedo mayor funciona bien, y es una táctica común, pero debes asegurarte de mantener el puño relajado mientras golpeas. Un pulgar tenso empujará los huesos de la base de la mano hacia abajo, lo que quizá aumente el riesgo de sufrir una lesión de muñeca.

Antes de golpear el saco haz presión sobre el hueco. Con el pulgar de la mano que tengas libre, haz presión sobre el hueco que hay en el pliegue interior de los segundos nudillos. Esta prueba puede ayudarte a determinar qué tan tenso está el puño en ese momento.

Asegúrate de utilizar el pulgar y no la uña del pulgar.

No debes ser capaz de hacer presión sobre el hueco con el pulgar, pero el esfuerzo de intentarlo no tendría que causarte dolor.

Si puedes meter el dedo pulgar en el primer hueco, el puño está muy flojo.

Si hacer presión sobre el puño te causa un dolor considerable, significa que está muy tenso.

La elección de los guantes

A continuación, os dejo una serie de datos que os ayudaran a elegir mejor los guantes que tenéis que comprar, mi recomendación es que elijáis un guante de piel con cierre de velcro y con un peso mínimo de 16oz.

La piel es de mayor calidad y aunque al principio la inversión es mayor a largo plazo os saldrá barato, el cierre de velcro es por la comodidad, podrás ponerte y quitarte el guante tu solo sin necesitar ayuda de nadie y que tenga un mínimo de 16 onzas es porque al trabajar con más peso incrementamos los beneficios físicos que conseguiremos al hacer asaltos con el saco.

¿Qué Guantes de Boxeo Comprar?

Elegir los guantes de boxeo adecuados es importante, pues su función es protegernos de lesiones tanto propias como del contrincante. Veamos entonces todos los aspectos que puedes elegir y en que afecta cada uno de ellos:

Talla de los Guantes

Los guantes de Boxeo, Muay Thai y Kick Boxing se tallan por peso y es uno de los factores más importantes para elegirlos, ya que determina la protección que proporcionan y por lo tanto el uso al que están destinados. Siendo algo tan importante no está de más saber cómo se tallan:

¿Que son las OZ en los guantes de Boxeo?

La onza (oz) es la unidad de medida empleada para indicar el peso del guante, equivalente a 28,35 gramos. El incremento del peso supone un aumento del relleno y de protección del usuario y del rival o compañero. Según su peso los podemos encontrar desde 4 a 20 Onzas, siempre en números pares.

Tipos de Guantes Según el Uso

A continuación, veremos los diferentes tipos que hay según el uso y las onzas habituales de cada uno, así como los casos especiales:

🔥 Guantes de Boxeo para Niños

Los más ligeros, 4 y 6 Onzas, y con menos protección son indicados para iniciar a los niños en el boxeo.

🔥 Para Competición

Para competición tanto profesional como amateur los más utilizados son los de 10 Oz, aunque pueden verse guantes de 8 Oz en profesionales con pesos menores que el Welter.

🔥 Para Entrenamientos Duros

En cuanto a los de 12 Oz no son muy utilizados, ya que no ofrecen la suficiente protección para entrenamientos seguros. Pueden ser utilizados para entrenos duros o por mujeres de poco peso para entrenar.

🔥 Guantes de Entrenamiento o Sparring

Los guantes de 14 Oz son los más habituales para todo tipo de entrenamientos diarios, tanto para saco como sparring. Su mayor peso es ideal para aumentar la fuerza de los brazos y mejorar la velocidad. Su acolchado es suficiente para entrenar con seguridad, salvo en usuarios que superen los 80 kilos, que deberían entrenar con 16 Oz.

🔥 Para Entrenamientos Específicos

Los guantes de 18 y 20 onzas son poco habituales y son utilizados por usuarios que superan los 95 kilos o para entrenamientos específicos en los que se necesita mayor peso del normal.

🔥 Guantes de Saco o Guantillas

Las guantillas son únicamente para entrenar con saco, no son válidos para sparring ni para combate, y se tallan por tamaño en lugar de por el peso en onzas.

Tipos de Guantes Según el Material

Los materiales empleados para la fabricación pueden agruparse en dos tipos: naturales y sintéticos. Los naturales pueden encontrarse de diferentes animales de origen y entre los sintéticos podemos encontrar el PVC, el vinilo y la polipiel.

Fabricados de PVC o de Vinilo:
Los más económicos del mercado están fabricados en vinilo o en Pvc, por lo que su calidad es bastante baja. No son nada recomendados ni siquiera para principiantes, por su baja resistencia y por ser más duros. Su mala calidad y el mayor riesgo de provocar daños hace que incluso estén prohibidos en algunos gimnasios.

⚜ Fabricados de Polipiel
Uno de los materiales más utilizados por principiantes y aficionados es la polipiel. Dentro de los fabricados en piel sintética podemos encontrar calidades muy diferentes, tanto en el material utilizado como en el acolchado y fabricación. Existen modelos con precios muy económicos de calidad similar a los de Pvc o vinilo y también modelos con precios similares a los de piel con muy buena calidad e incluso utilizados en competición.

Ventajas Piel Sintética

- ✓ Precios más bajos
- ✓ Variedad de gamas
- ✓ Más cómodos que la piel (los de gama alta)
- ✓ Desventajas Piel Sintética
- ✓ Menos prestaciones y resistencia a los golpes que la piel.

⚜ Guantes Boxeo de Piel
Al igual que en polipiel hay diferentes calidades que varían notablemente el precio y las prestaciones. Los más caros y de mayor calidad están fabricados en piel de vaca, pero también se utilizan el búfalo y la cabra.

Pros de la Piel

- ✓ Variedad de calidades y precios
- ✓ Mejores prestaciones y resistencia a los golpes.

- ✓ Contras de la Piel
- ✓ Precios más altos
- ✓ Son más duros que los de polipiel.

Guantes Boxeo Según el Cierre

El tipo de cierre es otro aspecto importante a la hora de elegir los guantes de boxeo, pudiendo elegir entre velcro o cuerdas.

√ Cierre de Velcro

El cierre con velcro fíjo es el más utilizado para guantes de entrenamiento y destacan por:

Ventajas del Velcro

- Muy prácticos, fáciles de poner y quitar de forma rápida.
- Buena sujeción.

Desventajas Velcro

- No válido para competición.
- Se desgasta con el tiempo
- Las vendas se pueden enganchar.

√ Cierre de Cuerdas

El cierre de cuerdas es obligatorio en los guantes de competición y se caracterizan por:

Ventajas Cierre Cuerdas

- Es el que mejor se ajusta a la mano.
- No se pierde ajuste con el tiempo.

Desventajas Cuerdas

- Es más lento y necesitas ayuda para ajustarlos.

La elección del saco

Existen dos tipos de sacos: los que se cuelgan del techo o la pared (actualmente los más demandados) y los de pie.

Tipo de saco	Colgante	De pie
Ventaja	Ocupa menos espacio en casa cuando se está utilizando.	Fácil de transportar y de guardar cuando no se usa.
Movimiento	Más realista. Trabajas mejor la coordinación y el ritmo de los golpes.	Se mueven mucho más y puede resultar incómodo.
Peso	Se concentra de forma más equilibrada. Permite desarrollar mejor la técnica.	En las patadas se tambalean bastante.

En el mercado hay sacos de boxeo baratos para todos los gustos, bolsillos y necesidades, de modo que ¿Cómo elegir entre las numerosas opciones a la venta?

La calidad es esencial en un saco de boxeo, un punto esencial si realmente buscas material de primera para tus entrenamientos, de modo que no optes por el primer modelo que encuentres en el mercado, ya que hay numerosos aspectos a considerar antes de tomar una decisión determinada.

No basta con elegir cualquier saco de boxeo, es indispensable elegir un saco de boxeo que se convierta en la perfecta herramienta para tus entrenamientos, un saco que se ajuste a ti y a tus necesidades concretas, sólo de este modo podrás garantizar una buena compra.

A la hora de adquirir uno de los sacos de boxeo económicos que hay a la venta en el mercado es clave que tengas en consideración algunos consejos que te ayudarán a tomar una decisión adecuada, ya que no debes dejarte guiar únicamente por el precio del mismo:

Cuando mayor peso tenga tu saco de boxeo, mayor será la resistencia que tenga a los golpes que reciba por tu parte. A mayor peso, mejor.

Existen sacos fabricados en múltiples materiales, siendo los más recomendables aquellos de cuero o piel debido al tacto y a su resistencia.

Asegúrate de cuál va a ser el tipo de uso que le vas a dar a tu saco de boxeo, ya que no es lo mismo un saco para un principiante que para un profesional del boxeo. Las necesidades son diferentes.

Ten en cuenta el lugar en el que vas a entrenar, ya que no hay que olvidarse de las fijaciones, no es lo mismo instalar un saco en una vivienda que en un gimnasio.

Como puedes ver, la elección de un saco de boxeo no es una elección que haya que tomarse a la ligera, ya que hay muchas consideraciones a tener en cuenta para elegir el mejor saco del mercado para ti.

¿Qué características se deben tener en cuenta?

Un saco de boxeo es la herramienta ideal para liberar tensiones al llegar a casa después de un duro día de trabajo o realizar entrenamientos cómodamente desde el hogar. Si tienes espacio y te gusta el boxeo o las MMA, no te vas a arrepentir.

Las posibilidades que brinda el mercado son realmente extensas, ya que pueden encontrarse desde sacos de boxeo para niños como para adultos, tanto para principiantes como para profesionales, para hombres y para mujeres, de colores sobrios o de colores alegres.

Como es obvio, tú serás quien tenga la última palabra a la hora de elegir uno de los sacos de boxeo que encontrarás en el mercado, pero quiero mostrarte las principales características técnicas que deben tenerse en cuenta si se desea comprar un saco de boxeo económico:

Peso

Un aspecto fundamental a la hora de adquirir un saco de boxeo es el peso, debiendo tener presente que, a mayor peso, mucho mejor, ya que el saco será capaz de resistir mucho más fácilmente tus golpes. Un saco con poco peso puede provocar su rebote con cada uno de tus golpes, repercutiendo negativamente en tu entrenamiento. Mi consejo es que si nunca has golpeado antes un saco comienza con uno que tenga la mitad de peso que tú, eso minimizara el riesgo de lesiones, sobre todo en las muñecas.

Relleno

En cuanto a relleno se refiere, éste influirá principalmente en aquellas sensaciones que trasmite al boxeador cuando lo golpea, si es que como es obvio no es lo mismo golpear un saco lleno de agua que un saco lleno de arena.

Los principales rellenos que actualmente se pueden encontrar en el mercado son: agua, arena, trozos de tela, bolitas de gel, y similares. Destacar que en ocasiones el saco de boxeo se vende de tal modo que serás tú mismo quien deba rellenarlo, aunque algunos ya vienen con relleno incluido.

Materiales

Los sacos de boxeo se venden principalmente en plástico (vinilo, PVC), piel sintética (polipiel) o bien tela (normalmente lona), aunque otras opciones como el cuero también están disponibles en el mercado.

Sacos de plástico: Los sacos de plástico son los más económicos del mercado, así como los más demandados, pero a su vez son los que antes se desgastan con el uso, con los golpes, la humedad, el sudor del boxeador, etc.

Sacos de tela: Aunque son ligeramente más caros que los sacos de plástico, éstos son más resistentes y duraderos. En el caso de que se produjese algún desgarro las reparaciones resultan muy sencillas. Como desventaja señalar que es clave el uso de guantes o bien tus manos quedarás destrozadas debido a su aspereza.

Sacos de piel sintética y sacos de cuero: Son los sacos más costosos del mercado, pero también son los que brindan un tacto más agradable, así como los más duraderos del mercado. Es importante ofrecerles un correcto mantenimiento para su conservación.

Fichas de ejercicios

<table>
<tr><td>EJERCICIO
Nº 1</td><td>Descripción: Cogeremos una cuerda y saltaremos, lo ideal es dar un solo salto cada vez que la cuerda pasa por debajo de nosotros.
Principal Objetivo: Mejorar nuestro cardio, fortalecer nuestras piernas y muñecas y ganar coordinación.
Tiempo: 3 asaltos de un minuto.</td></tr>
</table>

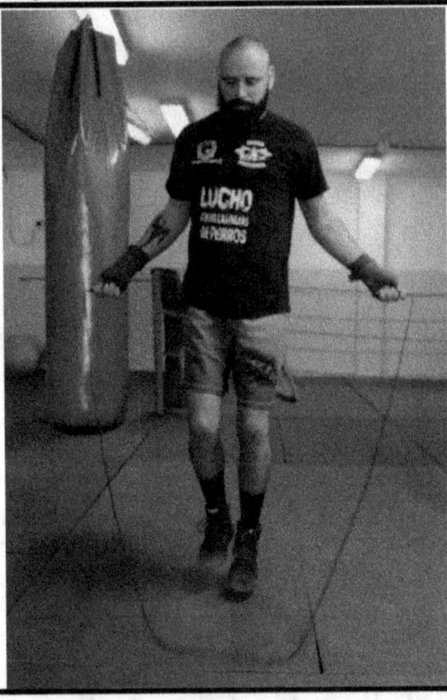

<table>
<tr><td>EJERCICIO
Nº 2</td><td>Descripción: De pie frente al saco, lanzaremos las piernas hacia atrás hasta quedar en posición de flexiones (foto), volveremos a recoger las piernas haremos un salto y nos quedaremos de nuevo de pie.
Principal Objetivo: Mejorar nuestro cardio.
Tiempo: 3 asaltos de un minuto.</td></tr>
</table>

EJERCICIO Nº 3	**Descripción:** De cuclillas frente al saco, nos pondremos de pie y lanzaremos una patada frontal. **Principal Objetivo:** Mejorar cardio y fortalecer piernas. **Tiempo:** 3 asaltos de un minuto.

EJERCICIO Nº 4	**Descripción:** Nos cogemos de la parte alta del saco y lo golpeamos con una rodilla, la pierna que golpeo queda delante y golpeamos con la de detrás, así sucesivamente. **Principal Objetivo:** Mejorar cardio y coordinación. **Tiempo:** 3 asaltos de un minuto.

<table>
<tr><td>EJERCICIO Nº 5</td><td>Descripción: De pie frente al saco, levantamos una pierna y golpeamos el saco con los puños.
Principal Objetivo: Mejorar cardio y fortalecer piernas.
Tiempo: 3 asaltos de un minuto (30 segundos por pierna)</td></tr>
</table>

<table>
<tr><td>EJERCICIO Nº 6</td><td>Descripción: De cuclillas frente al saco y golpeamos con los puños.
Principal Objetivo: Mejorar cardio y fortalecer piernas.
Tiempo: 3 asaltos de 30 segundos.</td></tr>
</table>

EJERCICIO Nº 7	**Descripción:** De pie, nos cogemos la cabeza de atrás y lentamente la llevamos hacia abajo. **Principal Objetivo:** Estirar cuello. **Tiempo:** 30 segundos.

EJERCICIO Nº 8	**Descripción: De pie,** nos cogemos la barbilla y llevamos la cabeza lentamente hacia atrás. **Principal Objetivo:** Estirar cuello. **Tiempo:** 30 segundos.

<table>
<tr><td>EJERCICIO
Nº 9</td><td>Descripción: De pie, nos cogemos la cabeza por un lado y lentamente la doblamos hacia el lado contrario. Como si quisiéramos que la oreja tocara el hombro.
Principal Objetivo: Estirar cuello.
Tiempo: 30 segundos.</td></tr>
</table>

<table>
<tr><td>EJERCICIO
Nº 10</td><td>Descripción: De pie, nos cogemos la cabeza por un lado y lentamente la giramos hacia el lado contrario.
Principal Objetivo: Estirar cuello.
Tiempo: 30 segundos.</td></tr>
</table>

EJERCICIO Nº 11	**Descripción:** Rotación de hombros. Hacia adelante, hacia atrás y uno hacia adelante y otro hacia atrás al mismo tiempo. **Principal Objetivo:** Calentar hombros. **Tiempo:** 30 segundos en cada uno de los sentidos.

EJERCICIO Nº 12	**Descripción:** Estiramos un brazo y presionamos con el otro que pondremos a la altura del codo. Trabajar ambos brazos. **Principal Objetivo:** Calentar Hombros. **Tiempo:** 10 segundos.

EJERCICIO Nº 13	**Descripción:** De pie, subimos un brazo y lo doblamos detrás de la cabeza, con la otra mano presionamos hacia abajo. Trabajamos ambos brazos. **Objetivo:** Calentar Tríceps. **Tiempo:** 15 segundos.

EJERCICIO Nº 14	**Descripción:** Nos cogemos las manos por detrás de la espalda e intentamos subir hacia arriba la mano que tenemos cogida. **Principal Objetivo:** Calentar hombros. **Tiempo:** 15 segundos.

<table>
<tr><td>EJERCICIO
Nº 15</td><td>Descripción: Levantamos el codo al frente de nuestro cuerpo, y estiramos y recogemos el brazo. Trabajar ambos brazos.
Principal Objetivo: Calentar codos.
Tiempo: 15 segundos.</td></tr>
</table>

<table>
<tr><td>EJERCICIO
Nº 16</td><td>Descripción: Nos sujetamos un codo (ver foto) y empezamos a mover el brazo haciendo círculos. Trabajar ambos brazos.
Principal Objetivo: Calentar codos.
Tiempo: 15 segundos.</td></tr>
</table>

<table>
<tr><td>EJERCICIO Nº 17</td><td>Descripción: Nos cojemos una de las manos y de forma suave la flexionamos hacia nosotros. Trabajar ambas manos.
Principal Objetivo: Calentar muñecas.
Tiempo: 15 segundos.</td></tr>
</table>

<table>
<tr><td>EJERCICIO Nº 18</td><td>Descripción: Nos cogemos una mano y la flexionamos hacia fuera de forma suave y con el brazo extendido. Trabajar ambas manos.
Principal Objetivo: Calentar muñecas.
Tiempo: 15 segundos.</td></tr>
</table>

EJERCICIO Nº 19	**Descripción:** Entrelazamos las manos y hacemos giros con ellas. Hacer círculos hacia ambos lados. **Principal Objetivo:** Calentar muñecas. **Tiempo:** 15 segundos.

EJERCICIO Nº 20	**Descripción:** Abrimos y cerrar las manos con velocidad, es recomendable cambiar la posición de los brazos. **Principal Objetivo:** Calentar muñecas. **Tiempo:** 15 segundos.

EJERCICIO Nº 21	**Descripción:** En posición de flexiones con las manos, bajamos a unos centímetros del suelo y mantenemos la posición. Trabajo de isometría. **Principal Objetivo:** Fortalecer muñecas. **Tiempo:** 30 segundos.

EJERCICIO Nº 22	**Descripción:** En posición de flexiones con los puños, bajamos a unos centímetros del suelo y mantenemos la posición. Trabajo de isometría. **Principal Objetivo:** Fortalecer muñecas. **Tiempo:** 30 segundos.

<table>
<tr><td>EJERCICIO
Nº 23</td><td>Descripción: En posición de flexiones con los dedos, bajamos a unos centímetros del suelo y mantenemos la posición. Trabajo de isometría.
Principal Objetivo: Fortalecer muñecas y dedos.
Tiempo: 30 segundos.</td></tr>
</table>

<table>
<tr><td>EJERCICIO
Nº 24</td><td>Descripción: En posición de flexiones con las muñecas bajamos a unos centímetros del suelo y mantenemos la posición. Trabajo de isometría.
Principal Objetivo: Fortalecer muñecas.
Tiempo: 30 segundos.</td></tr>
</table>

EJERCICIO Nº 25	**Descripción:** Hago una flexión y lanzo un puñetazo al saco. **Principal Objetivo:** Mejorar velocidad explosiva. **Tiempo:** 10 repeticiones.

EJERCICIO Nº 26	**Descripción:** Hacemos una flexión y lanzamos el cuerpo hacia arriba para hacer una palmada. **Principal Objetivo:** Mejorar la velocidad explosiva. **Tiempo:** 10 repeticiones.

EJERCICIO Nº 27	**Descripción:** Flexiones diamante. **Principal Objetivo:** Trabajo tríceps. **Tiempo:** 10 repeticiones.

EJERCICIO Nº 28	**Descripción:** Flexiones con una mano. Trabajar ambas manos. **Principal Objetivo:** Mejorar velocidad explosiva. **Tiempo:** 10 repeticiones.

EJERCICIO Nº 29	**Descripción:** Apoyamos las manos en el suelo, con los puños cerrados, extendemos las piernas, de forma que todo el peso del cuerpo lo soporten las muñecas. **Principal Objetivo:** Fortalecer muñecas. **Tiempo:** 15 segundos.

EJERCICIO Nº 30	**Descripción:** Apoyamos las manos en el suelo, con los puños cerrados, extendemos las piernas y las levantamos. **Principal Objetivo:** Fortalecer muñecas, trabajo secundario: abdomen. **Tiempo:** 15 segundos.

EJERCICIO N° 31	**Descripción:** Apoyamos manos en el suelo y levantamos las piernas. **Principal Objetivo:** Fortalecer muñecas. **Tiempo:** Intentar mantener la posición al menos 30 segundos.

EJERCICIO N° 32	**Descripción:** Nos sentamos frente al saco y lanzamos golpes directos. Podemos cambiar los golpes de puño (Crochet, Upper, etc.) **Principal Objetivo:** Abdomen. **Tiempo:** 4 series de 25 repeticiones.

<table>
<tr><td>EJERCICIO Nº 33</td><td>Descripción: Acostados boca arriba, nos cogemos del saco y subimos y bajamos las piernas juntas.
Principal Objetivo: Abdomen.
Tiempo: 4 series de 25 repeticiones.</td></tr>
</table>

<table>
<tr><td>EJERCICIO Nº 34</td><td>Descripción: Acostados boca arriba, nos cogemos del saco y subimos y bajamos las piernas alternando.
Principal Objetivo: Abdomen.
Tiempo: 4 series de 25 repeticiones.</td></tr>
</table>

EJERCICIO Nº 35	**Descripción:** Acostados boca arriba, nos cogemos del saco, abrimos y cerramos las piernas. **Principal Objetivo:** Abdomen. **Tiempo:** 4 series de 25 repeticiones.

EJERCICIO Nº 36	**Descripción:** Acostados boca arriba, nos cogemos del saco y mantenemos las piernas a un palmo del suelo. **Principal Objetivo:** Abdomen. **Tiempo:** 4 series de un minuto.

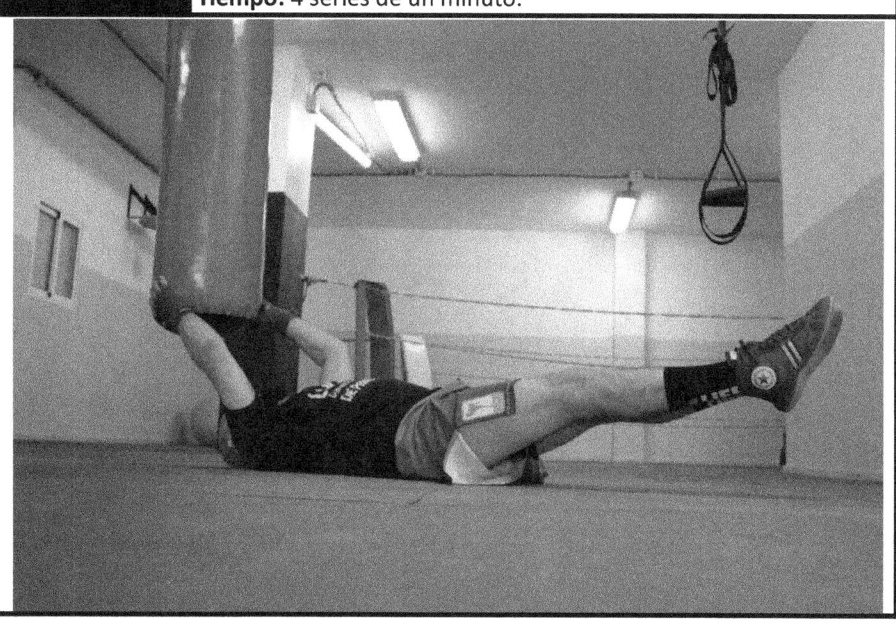

EJERCICIO Nº 37	**Descripción:** Acostados boca arriba, nos cogemos del saco, flexionar las piernas llevando las rodillas al pecho. **Principal Objetivo:** Abdomen. **Tiempo:** 4 series de 25 repeticiones.

EJERCICIO Nº 38	**Descripción:** Posición de planchas. **Principal Objetivo:** Abdomen. **Tiempo:** comenzaremos con tres series de un minuto.

EJERCICIO Nº 39	**Descripción:** Posición de planchas. Sacamos un puñetazo al saco, alternando un brazo y otro. **Principal Objetivo:** Abdomen. **Tiempo:** comenzaremos con tres series de un minuto.

EJERCICIO Nº 40	**Descripción:** Sentados frente al saco y lanzamos patada circular a cámara lenta. Podemos variar la técnica de pierna. **Principal Objetivo:** Abdomen y piernas. **Tiempo:** 4 series de 25 repeticiones.

EJERCICIO Nº 41	**Descripción:** De pie, dando la espalda al saco y lo tocaremos con las manos a un lado y al otro. **Principal Objetivo:** Abdomen. **Tiempo:** Comenzaremos con tres series de un minuto.

EJERCICIO Nº 42	**Descripción:** De pie, subiremos una pierna y haremos rotaciones hacia dentro y hacia fuera, trabajar ambas piernas. **Principal Objetivo:** Abductores. **Tiempo:** 15 repeticiones por ambos lados y con las dos piernas. Hacer el ejercicio a cámara lenta.

EJERCICIO Nº 43	**Descripción:** Posición del "saltador de vallas", haciendo una L con nuestras piernas, bajaremos la cabeza a cámara lenta y sin rebotes a la pierna adelantada. **Principal Objetivo:** Estiramientos **Tiempo:** Repetimos cada posición 15 segundos. Trabajar ambas piernas.

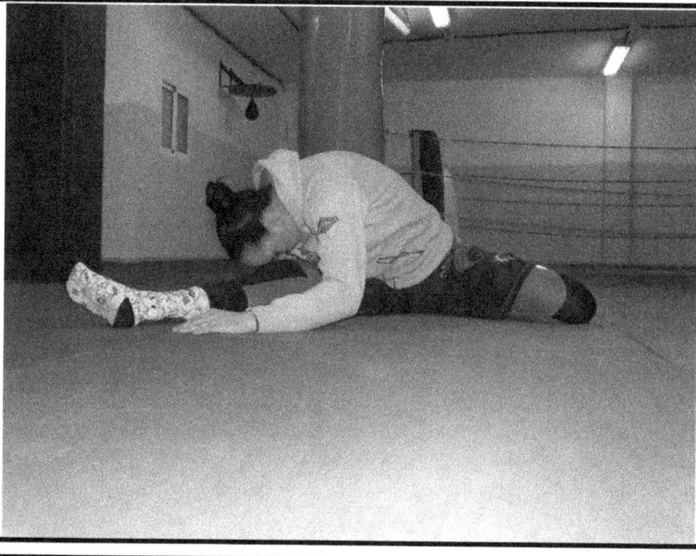

EJERCICIO Nº 44	**Descripción:** Posición del "saltador de vallas", haciendo una L con nuestras piernas, bajaremos la cabeza a cámara lenta y sin rebotes al centro. **Principal Objetivo:** Estiramientos **Tiempo:** Repetimos cada posición 15 segundos. Trabajar ambas piernas.

EJERCICIO Nº 45	**Descripción:** Posición del "saltador de vallas", haciendo una L con nuestras piernas, bajaremos la cabeza a cámara lenta y sin rebotes a la pierna de atrás. . **Principal Objetivo:** Estiramientos **Tiempo:** Repetimos cada posición 15 segundos. Trabajar ambas piernas.

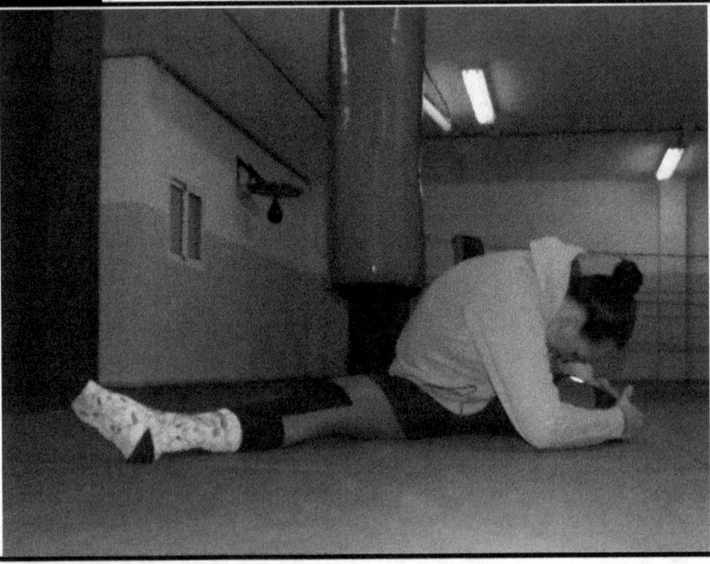

EJERCICIO Nº 46	**Descripción:** Extendemos las piernas y bajamos la cabeza a las rodillas, bajaremos la cabeza a cámara lenta y sin rebotes. . **Principal Objetivo:** Estiramientos **Tiempo:** Mantenemos la posición 15 segundos. Repetir el gesto cinco veces.

EJERCICIO Nº 47	**Descripción:** Abrimos las piernas y llevaremos la cabeza a ambas rodillas y al centro. Bajar a cámara lenta y no hacer rebotes. **Principal Objetivo:** Estiramientos **Tiempo:** Repetimos cada posición 15 segundos.

EJERCICIO Nº 48	**Descripción:** De pie, con las piernas extendidas bajamos la cabeza hacia las rodillas. **Principal Objetivo:** Estiramientos **Tiempo:** 5 repeticiones de 15 segundos. Sin rebotes y bajando a cámara lenta.

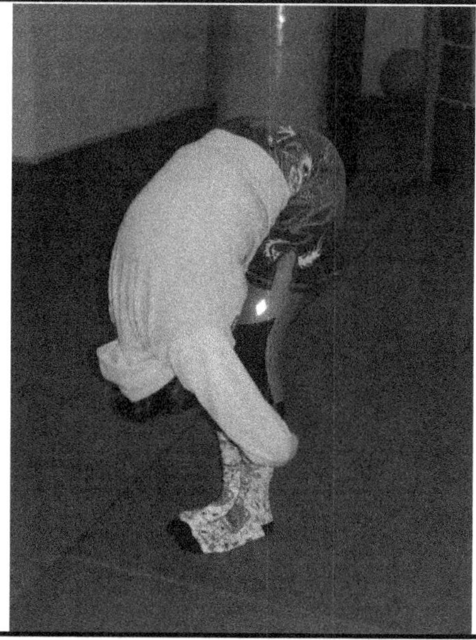

<table>
<tr><td rowspan="3">EJERCICIO
Nº 49</td><td>Descripción: Nos sentamos, juntamos las plantas de los pies y movemos las rodillas arriba y abajo.</td></tr>
<tr><td>Principal Objetivo: Estiramientos</td></tr>
<tr><td>Tiempo: 5 series de 25 rebotes. Siempre muy suaves.</td></tr>
</table>

<table>
<tr><td rowspan="3">EJERCICIO
Nº 50</td><td>Descripción: Flexionamos una pierna y estiramos otra, estiramos las manos hacia adelante.</td></tr>
<tr><td>Principal Objetivo: Estiramientos</td></tr>
<tr><td>Tiempo: Aguantamos la posición 15 segundos y cambiamos a la otra pierna. Hacerlo al menos tres veces por pierna alternando de una a otra.</td></tr>
</table>

EJERCICIO Nº 51	**Descripción:** En posición de 4. Separamos rodillas y pies y movemos la cadera hacia atrás. **Principal Objetivo:** Estiramientos **Tiempo:** Forzamos un poquito la posición y la aguantamos 15 segundos.

EJERCICIO Nº 52	**Descripción:** de pie, frente al saco, doblamos una de las piernas y la subimos al muslo de la otra, flexionamos la pierna de apoyo para estirar glúteo. Bajamos a cámara lenta. **Principal Objetivo:** Estiramientos **Tiempo:** Repetimos cada posición 15 segundos. Trabajar ambas piernas.

EJERCICIO Nº 53	**Descripción:** Nos pondremos un obstáculo frente al saco (silla) y lanzaremos una patada frontal a cámara lenta. **Principal Objetivo:** Musculación isométrica y mejorar el gesto técnico. **Tiempo:** Repetimos el gesto 15 veces. Trabajar ambas piernas.

EJERCICIO Nº 54	**Descripción:** Nos pondremos un obstáculo frente al saco (silla) y lanzaremos una patada lateral a cámara lenta. **Principal Objetivo:** Musculación isométrica y mejorar el gesto técnico. **Tiempo:** Repetimos el gesto 15 veces. Trabajar ambas piernas.

EJERCICIO Nº 55	**Descripción:** Nos pondremos un obstáculo frente al saco (silla) y lanzaremos una patada circular a cámara lenta. **Principal Objetivo:** Musculación isométrica y mejorar el gesto técnico. **Tiempo:** Repetimos el gesto 15 veces. Trabajar ambas piernas.

Bailad, bailad malditos!!!

Hay algunas básicas que tendremos que conocer.

Los pies no deben juntarse, ni cruzarse, ni quedarse en paralelo. Es decir, mantendremos siempre una pierna delante y la otra detrás, si tienes la mano derecha detrás deberás tener la pierna izquierda delante y al revés.

Tenemos ocho posibilidades para desplazar:

Hacia adelante, hacia delante diagonal izquierda, hacia adelante diagonal derecha.

Paso lateral derecha, paso lateral izquierda.

Hacia atrás, hacia atrás diagonal derecha, hacia atrás diagonal izquierda.

El gran Muhammad Alí decía: "Quiero volar como una mariposa y picar como una avispa", con esa frase podemos imaginar la importancia que tenía la movilidad en el arsenal técnico de Alí. Vamos a argumentaros porque es tan primordial el juego de piernas.

El ataque más devastador y brutal se puede convertir en un simple roce si lo lanzamos en la distancia equivocada.

Los preparadores de boxeo para recalcar la importancia del juego de piernas suelen decir: "El boxeo se realiza primero con las piernas, luego con la cabeza y finalmente con los puños", esa máxima puede aplicarse para cualquier deporte de combate.

Unos buenos desplazamientos van a potenciar tanto nuestro sistema ofensivo como defensivo.

El origen del juego de piernas en el boxeo es atribuido al campeón Bob Fitzsimmons.

Una norma muy sencilla y eficaz que no debemos olvidar es mover la pierna correspondiente, hacia donde queremos ir, es decir, si quiero avanzar moveré la pierna delantera, si quiero ir a la izquierda moveré mi pierna izquierda y así sucesivamente.

Si lo que pretendemos es avanzar para cerrar el hueco que hay entre nuestro adversario y nosotros deberemos sacar primero un golpe, bien de puño o de pierna, en primer lugar, el movimiento para sacar el golpe imprimirá velocidad a nuestro desplazamiento por la propia inercia generada por el ataque, en segundo lugar, el propio golpe nos mantendrá más protegidos, y por último, lograremos que nuestro rival este ocupado defendiendo este ataque y le será muy complicado sacar una contra.

Un buen juego de piernas necesita que nuestros talones nunca se apoyen en el suelo, si lo hacemos así tendremos la sensación que nuestro adversario va descalzo mientras que nosotros llevamos unos excelentes patines en línea. Es importante saber trasladar correctamente el peso del cuerpo de una pierna a otra (basculación del cuerpo), de esa forma siempre estaremos en una posición favorable para lanzar un ataque.

Un excelente ejercicio para mejorar tus desplazamientos, además de nuestra resistencia, los músculos de las piernas y el equilibrio, es la comba.

Para comenzar podíamos realizar asaltos de dos, tres minutos con un minuto de descanso entre asalto y asalto, para luego ir aumentando el tiempo. Diez minutos de saltar a la comba equivalen a treinta minutos de carrera.

Un error muy común a la hora de lanzar un ataque, es hacerlo donde esta en ese momento nuestro adversario, de ese modo nuestro ataque se queda fuera de distancia debido a que nuestro rival, instintivamente realizara algún movimiento defensivo, por lo tanto, hay que lanzar el ataque con mayor profundidad para poder impactar con precisión.

La movilidad es también muy importante en nuestro sistema defensivo porque un blanco móvil siempre es más difícil de alcanzar que un blanco fijo

Un buen juego de piernas nos puede ayudar a esquivar las acometidas de nuestro rival, de todas formas, tampoco os entusiasméis y os paséis el combate saltando de un sitio a otro como un loco, recordad el principio de economizar los movimientos, la idea es simplemente colocarte donde estés seguro y tu rival no lo esté.

"El movimiento se utiliza como medio de defensa, un medio de engaño, un medio de asegurarse la distancia adecuada para atacar y un medio para conservar la energía. La esencia del combate es el arte de moverse." – Bruce Lee-.

Aprende a dar hostias como panes

1. LA GUARDIA

Hay diferentes tipos de guardia, podríamos hablar de la guardia de hombro o Shoulder Roll en inglés, popularizada por Floyd Maywether, podríamos hablar de la guardia del Peek a Boo, estilo que creo el mítico Cus D´Amato y que hizo famoso, el legendario boxeador Mike Tyson, pero en este libro que va dirigido a vosotros que os acabáis de comprar un saco y un par de guantes vamos a centrarnos en la más clásica.

Las manos tienes que ir a ambos lados de la cara protegiendo el mentón, con la mano izquierda un poco más adelantada, si eres zurdo, sería justo al revés.

La cabeza va hacia abajo, como si quisiéramos tocar con la barbilla en nuestro pecho, los codos tienen que ir pegados a los lados de nuestro cuerpo para protegernos de golpes al tronco, ahí se encuentran órganos como el hígado o el bazo que si fueran "cazados" probablemente serian el final del combate para un boxeador.

En cuanto a la posición de las piernas tenéis que intentar buscar en el boxeo la mayor naturalidad posible.

Aprendemos a caminar muy pronto y la posición de las piernas tienen la anchura de nuestra cadera, pues exactamente eso vamos a buscar. Doy un paso hacia delante, sino soy zurdo, la pierna izquierda delante y esa será la posición de nuestros pies para golpear el saco.

Atentos a no poner las piernas en línea porque nos quedaremos sin equilibrio, sería como andar por encima de un bordillo.

Súper importante, golpeo el saco con una sola mano, así que la mano que me sobra ira cubriéndome la cara, si pateo, entonces las dos manos pendientes de defender.

2. JAB, DIRECTO PERCUTANTE CON LA MANO ADELANTADA

El jab, es un golpe básico, desde la posición de guardia, lanzaremos el brazo adelantado, es importantísimo, a la hora de iniciar el movimiento, no telegrafiar el golpe, debemos evitar a toda costa hacer gestos con la cara, echar el puño hacia atrás como si pretendiéramos coger carrerilla, etc.

En ningún momento debemos ofrecer ninguna facilidad a nuestro adversario a la hora de adivinar nuestras intenciones.

En el retroceso de la mano, es importante que vuelva por el mismo sitio que salió, como si fuera por la vía de un tren. Nunca la mano que ha golpeado debe bajar para volver a la guardia.

Jab percutante y penetrante

3. DIRECTO CON LA MANO ATRASADA

La mano derecha queda atrás, preparada para salir, mientras que con nuestro jab, vamos midiendo la distancia justa para poder sacar un golpe más potente con garantías de no fallar.

Cuando estamos seguros que la distancia es la correcta, lanzamos el directo de derecha, que se había mantenido agazapado y escondido como un experto francotirador.

El movimiento se inicia con el giro del pie de nuestra pierna atrasada, ese será el pistoletazo de salida, la mecánica de nuestro cuerpo nos obligará a que nuestra cadera siga el pie, el hombro que no quiere quedarse solo y triste sigue a la cadera obligado también y finalmente estiramos el brazo, para golpear con el puño que realmente es solo una simple herramienta que utilizamos para alcanzar a nuestro rival.

El directo de derecha al tronco se realiza igual que el dirigido al rostro, pero con una flexión más acentuada de las rodillas y una mayor inclinación hacia la izquierda del cuerpo. Este golpe debe ir dirigido al bazo o al corazón.

El directo de derecha es ideal para después encadenarlo con un golpe con la mano adelantada, como pueden ser el crochet o el uppercut e incluso variando la altura buscando sorprender con un "invisible" hook al hígado.

Este golpe, al igual que el jab, nos permitirá cerrar el hueco que hay entre nosotros y nuestro adversario, con mayores garantías de no recibir una contra, cuando atacamos uno de nuestros objetivos es minimizar al máximo los riesgos de ser sorprendidos.

Los errores más comunes son abrir el codo y dejar caer la mano exponiéndonos de esa forma a una terrible contra.

Para lo primero, es aconsejable realizar el golpe pegados a la pared, de esta forma educaremos a nuestro cuerpo a no abrir el codo al lanzar el golpe, así evitaremos telegrafiar el golpe.

Dejar caer la mano después del golpe es arriesgado, pues te descubre exponiéndote a una contra, aparte de que te puede desequilibrar.

4. CROCHET

El crochet se utiliza tanto en la distancia media como en la corta y es una técnica que se puede realizar con ambas manos.

El gesto técnico del crochet parte de la posición de guardia, sin separar las manos demasiado de nuestra barbilla empezaremos a sacar el brazo, nuestro mentón está cubierto por el hombre, la cintura y los hombros girarán, el pie del lado de la mano que ejecuta el golpe quedará con el talón levantado, el movimiento que realizará el cuerpo es similar al golpe que se realiza para iniciar el recorrido en un campo de golf. Es muy importante recordar que la potencia se genera por el giro producido por la cintura y los hombros. Al final del movimiento el brazo debe quedarse paralelo al suelo.

La colocación del puño puede ser de forma horizontal o vertical, lo importante es aplicar el golpe con los nudillos, nunca con la parte interior de la mano; tened en cuenta que la función de la muñeca (como articulación) es doblarse, pero durante el instante del impacto debe haber una contracción muscular del antebrazo, muñeca y mano, la cual debería ser suficiente para que no se doblase, evitando al máximo el riesgo de una lesión.

Uno de los errores a la hora de realizar esta técnica radica en separar demasiado la mano del rostro al iniciar el movimiento, de esa forma, además de telegrafiar mucho el golpe, nos exponemos a que nuestro adversario nos alcance con una contra al mentón.

Otro error muy común es intentar aplicar el crochet desde una distancia muy larga, al intentar alcanzar a nuestro adversario desde esa distancia errónea tenemos que estirar demasiado el brazo, de esa forma, además de ser un golpe muy previsible, nuestro brazo, al impactar con la guardia de nuestro rival, puede sufrir una luxación en el codo y el hombro.

5. UPPERCUT

Probablemente sea el puñetazo más devastador que se conoce, pero para su perfecta ejecución hay que tener en cuenta muchos aspectos, mal realizado le resta eficacia y puede producirnos lesiones.

El uppercut de izquierda se puede realizar de dos formas, en la primera, el cuerpo baja sin separar la mano de la cara y sin descubrirse, para después, nuestras piernas -que estaban flexionadas- se estiren enérgicamente en el momento del impacto para aumentar su potencia.

El segundo modo de realizar el golpe resulta más peligroso pero también más rápido, el cuerpo gira un poco, bajando la mano y seguidamente se sube golpeando, sacrificando la guardia pero ganando en velocidad.

Habitualmente, al ejecutar el uppercut nuestra palma de la mano se quedará mirando hacia nosotros, pero en ocasiones cuando la guardia de nuestro rival esté muy cerrada y apenas deja un hueco, podemos intentar golpearle de forma que sea nuestro dedo gordo el que se quede frente a nosotros.

El uppercut de derecha, al igual que el de izquierda, se puede realizar desde la guardia o preparándolo con una pequeña flexión de rodillas que, añadido al giro del cuerpo, producirá una fuerza tremenda.

Los errores más comunes son:

Sacar el uppercut desde una distancia muy larga, lo que nos obligará a hacer una excesiva extensión del brazo que podría provocar una luxación del codo y del hombro.

Otro de los errores más habituales es bajar demasiado la mano para darle mayor recorrido al puño y así imprimirle más potencia; ese gesto consigue poner en estado de alerta a nuestro rival y además deja nuestro mentón expuesto a un veloz contraataque.

Como curiosidad, contaros, que el boxeador español Pedro Carrasco tenía una peculiar forma de sacar el uppercut, el "Bolo Punch", aunque la "paternidad" de este golpe se la debemos al filipino Macario Flores.

El llamado "Bolo Punch", un uppercut de trayectoria amplia y ascendente que va acompañado de un movimiento circular del brazo. Los filipinos llamaban bolo al machete con el que se abrían paso entre la vegetación, con el que cortaban juncos u otras plantas. El "Bolo Punch" por tanto dibuja una trayectoria similar al movimiento del machete.

"Sugar" Ray Leonard o Roy Jones Jr., son otros boxeadores que también incluyeron el "Bolo Punch" en su arsenal ofensivo.

6. HOOK

Brutal y temible cuando alcanza el objetivo, debe ejecutarse en la distancia corta, eso y la trayectoria que dibuja le vuelve un golpe casi invisible, eso si, debe entrenarse correctamente para que al realizarlo no nos produzca lesiones.

Es un golpe que se queda justo a la mitad del crochet y del uppercut, cuya función es buscar ángulos favorables en los huecos del rival, es muy utilizado para buscar el hígado del rival, por su trayectoria ascendente que se adapta a la compresión del hígado.

El hígado como órgano importante que es, está rodeada de numerosas ramificaciones nerviosas. Cuando es alcanzado se produce una sobre estimulación neurálgica. El nervio ciático (el más largo del cuerpo, pasa por las vértebras lumbares hasta el pie) se ve afectado, el diafragma (músculos que separa los pulmones del estómago) se debilita y hace expulsar el aire guardado en la caja torácica, los músculos de la cintura (permiten rodar golpes, son el eje de trasmisión pie-puño) se ven afectados también.

La ejecución del golpe exige una coordinación del todo el cuerpo, desde la posición de guardia inclinaremos el cuerpo y sacaremos el puño de forma diagonal, es importantísimo que el puño siempre este por encima del codo, de esta forma toda la fuerza que generemos será dirigida hacia el mismo sitio, si el codo estuviera por encima del puño serían dos fuerzas la que actuarían en el golpe pero de forma contraria, además la muñeca no tiene una posición natural y es muy fácil dañarla.

Es un golpe que se puede aplicar tras una esquiva circular e incluso podemos encadenarlo con un golpe directo.

El impacto del hook sobre el cuerpo de nuestro adversario casi siempre produce el abandono, su dolor es intensísimo aunque no dura mucho es cierto que como el árbitro sólo cuenta hasta diez no da tiempo a recuperarte, de todas formas es uno de los mejores KO´s que te pueden hacer ya que no suele producir lesiones importantes.

Suele ser muy utilizado por los boxeadores mejicanos, Julio Cesar Chávez consiguió infinidad de victorias en su brillante carrera gracias a este golpe que debido a la distancia en la que se ejecuta entra con mucha facilidad por debajo de los codos que se encuentran pegados al lado del cuerpo.

Según los preparadores de la escuela mejicana de boxeo: "El primero te duele diez, el segundo te duele cincuenta, en el tercero te soplan y ya te caes".

Como curiosidad os puedo contar que en EEUU este golpe es conocido como "el gancho mejicano", mientras que en Méjico lo conocen como "el picotazo cubano", por la costumbre de los caribeños de salir pegando por la izquierda.

Intentar entrenarlo con ambas manos, aunque habitualmente lo utilizareis más con la mano izquierda por dos razones muy obvias: en primer lugar, porque la izquierda es la mano que más cerca está del cuerpo de nuestro rival y en segundo lugar porque al lanzarlo con la mano izquierda castigaremos justo el lado derecho de nuestro rival, lugar donde se encuentra el hígado.

7. GOLPE DE REVÉS

El golpe del revés se emplea en la mayoría de Artes Marciales tradicionales, como el Karate o el Kung Fu, es un golpe que popularizo el legendario Maestro Bruce Lee.

El golpe del revés a nivel táctico se podría comparar al jab, un golpe percutante donde su característica principal tiene que ser la velocidad, este golpe debe de ir acompañado de un golpe más contundente como un directo con la mano atrasada o el uppercut, por ejemplo.

La biomecánica del golpe no es especialmente complicada, desde la posición de guardia lanzaremos la mano adelantada, el codo apunta al saco y extendemos el brazo y lo recogemos rápido, como en el resto de golpes de puño es importante enfocar los nudillos.

8. CODAZO CIRCULAR

Con este tipo de golpe se pretende golpear los laterales de la cabeza o los brazos del adversario para descomponer su guardia. Este golpe, que se puede realizar con ambas manos, es ideal tras un hook al hígado. Si la técnica del hook ha impactado en nuestro rival éste inclinará el cuerpo hacia su derecha, por el contrario, si ha logrado bloquearlo, en mayor o menor medida también habrá balanceado el cuerpo hacia la derecha para defenderse del golpe, en ese momento lanzaremos un codazo horizontal con la mano izquierda, la misma que ha ejecutado anteriormente el hook.

Otra muy buena aplicación para este golpe sería mientras realizamos una esquiva rotativa ante un golpe circular de puño de nuestro rival, golpeando con nuestro codo su abdomen o pecho.

9. CODAZO ASCENDENTE

El golpe de codo al frente parte de la guardia y va directamente hacia adelante y arriba buscando el mentón o el rostro del adversario. Se puede realizar con ambas manos. La aplicación del codo ascendente se puede realizar después de lanzar un uppercut (gancho ascendente) con la misma mano.

10. PATADA FRONTAL

El gesto técnico es muy sencillo, elevamos la rodilla y extendemos la pierna con la máxima velocidad, añadiendo un movimiento hacia delante de nuestra cadera, no debemos olvidar recoger rápidamente la pierna después de ejecutar el movimiento, contrayendo para ello los músculos flexores de la parte trasera del muslo, en especial el bíceps femoral.

El pie de apoyo debe asentarse firmemente con toda la planta, con la rodilla ligeramente doblada y tensando debidamente los músculos soleo, gemelos y peróneo anterior que mantiene firme la posición.

La patada frontal puede usarse como ataque o como patada defensiva (Stop Kick).

Como ataque la patada frontal nos permite combinar después los puños con rapidez, ya que nos permite golpear sin una excesiva inclinación del tronco, cosa que no sucede con el resto de las patadas.

Normalmente la pierna adelantada se utiliza con más frecuencia que la atrasada, sobre todo para iniciar los encadenamientos, mientras que la atrasada se utiliza para terminarlos cuando el adversario se aleja de nosotros.

La patada frontal puede ser penetrante, percutante e incluso podríamos utilizarla para empujar a nuestro rival con el fin de conseguir mayor distancia.

11. PATADA CIRCULAR

La rodilla subirá de forma frontal, de esa manera nos podremos proteger de un posible ataque de nuestro rival, luego iremos girando la cadera al mismo tiempo que nuestra rodilla adopta una posición muy similar a la de los perros cuando están meando, cuando gira la cadera el pie de apoyo debe girar en la misma dirección.

Hay que procurar que el cuerpo se incline hacia delante y no hacia atrás, que sería lo más natural; inclinando el cuerpo hacia atrás desplazaremos nuestro centro de gravedad y perdemos el equilibrio y mucha potencia en nuestra técnica.

El talón debe plegarse cerca del glúteo, así como la articulación de la rodilla, que está totalmente doblada; de esta forma, se consigue un arco de giro mucho más amplio aumentando la eficacia del movimiento.

El blanco de la patada circular es todo el tronco, dorsal (sobre todo los riñones) y a los lados (costillas, hígado, etc.) hombros y brazos incluidos.

La patada circular al rostro no existe, con una simple esquiva rotatoria dejarán pasar el ataque por encima, la patada circular debe ir dirigida al cuello, en primer lugar, cualquier zona del cuello donde impactemos puede producir un K.O., además es mucho más difícil poder esquivarla.

12. PATADA DEL REVÉS

El gesto técnico se inicia subiendo la rodilla al frente, de esta forma evitamos que nuestro rival adivine que patada vamos a realizar y al mismo tiempo la rodilla nos sirve para protegernos de un posible ataque.

La rodilla siempre tiene que estar más alta que el pie, de no ser así su efectividad queda enormemente disminuida.

Una vez que hemos subido la rodilla, esta no debe bajar bajo ningún concepto, hacerlo nos produciría indudablemente una lesión en el abductor. Esa especie de "carrerilla" para intentar dar explosividad y potencia a la patada hace que un músculo pequeño como el abductor tenga que subir toda la masa muscular de la pierna, que es mucha para el tamaño del abductor.

El siguiente paso será colocar la pierna en diagonal, pero recordad que siempre la rodilla estará por encima del pie, de este modo la pierna subirá y una vez alcanzada la altura del blanco doblará la articulación de la rodilla golpeando con el talón del pie.

Habitualmente, el ataque con la patada en gancho va dirigido a la cara, costillas, hígado, etc., no obstante, también se puede utilizar para golpear el muslo de nuestro rival, aunque si he de ser sincero es muy difícil tener precisión en ese ataque y normalmente termina siendo ineficaz, sobre todo porque para dirigirlo ahí ya tenemos el low kick que es mucho más sencillo y contundente.

Esta patada, como todas las técnicas de pierna, se puede realizar con ambas piernas, aunque habitualmente se realiza con la pierna adelantada, obviamente: si ya es complicado aplicarla con efectividad imaginaros realizarla con la pierna de detrás que tiene mucho más recorrido, lo que permitiría a nuestro adversario defenderse con más facilidad.

13. PATADA LATERAL

La patada lateral fue una técnica que popularizo Bruce Lee en el cine..

Elevaremos la rodilla al frente, igual que cuando lanzamos una patada frontal, desde esa posición extenderemos la pierna al mismo tiempo que giramos la cadera y el pie de apoyo, es conveniente flexionar la pierna de apoyo para tener un mayor equilibrio.

Está técnica se puede utilizar para "frenar" las envestidas de un rival muy agresivo, en estos casos es preferible hacerlo con nuestra pierna adelantada. Si lo hacemos con la pierna de atrás, además de ser mucho más lenta, corremos el riesgo de meter demasiada cadera lo que nos obligaría a inclinar mucho nuestro cuerpo no permitiéndonos encadenar después con los puños con comodidad.

En defensa personal puede resultar devastadora si lanzamos el ataque hacia la rodilla de nuestro rival cuando inicia el avance hacia nosotros, está técnica se puede considerar básica en el arte del Jeet Kune Do, aunque en honor a la verdad, no es fácil acertar cuando el oponente está en movimiento.

14. PATADA SEMI CIRCULAR INVERSA

El inicio de la patada circular inversa es igual que el de la patada frontal, la rodilla sube al frente, lo que nos permite mantener una posición bastante hermética, que no facilita el ataque a nuestro rival, además, al subir la pierna en esa posición dificultamos muchísimo a nuestro rival la labor de "adivinar" qué golpe vamos a efectuar; A continuación, nuestra pierna dibujará una diagonal hacia el cuerpo o rostro de nuestro adversario.

Es un movimiento contrario al de la patada circular, ya que el giro se realiza por el interior del cuerpo.

La patada semicircular inversa constituye una técnica muy especial. Si la dirigimos a la cabeza tiende a elevarse el talón del pie de apoyo y, a veces, se falla en el blanco, dejándonos de esa forma en una posición nada ventajosa; por ello un ataque más asequible es apuntar a la boca del estómago o a los costados.

Hay que entrenar esta patada bajo la idea de que es un movimiento circular, acompañándolo del giro de la cadera y aprovechando la fuerza centrífuga, utilizando el pie de apoyo como eje.

XTREME
fighters

15. RODILLA ASCENDENTE

El golpe con la rodilla es durísimo y letal, su ejecución no es especialmente difícil y forma parte del arsenal técnico de algunos de los deportes de contacto más duros del planeta como las MMA, Muay Thai o Karate Kyokushinkai.

Se puede trabajar con ambas piernas, lógicamente si lo lanzamos con la pierna de atrás al tener mayor recorrido se vuelve mucho más eficaz.

Lo podemos lanzar al cuerpo, buscando zonas blandas, como boca del estómago, hígado, costillas, etc., o a la cabeza si conseguimos el control de la cabeza del rival, en lucha se conoce como, clich alto o yugo.

Para conseguir maximizar la eficacia del golpe es muy importante que además de elevar la rodilla hagamos un movimiento hacia delante de la cadera.

16. JAB DE PIERNA

Cuando hablo del Jab de pierna, realmente me refiero a un low kick con la pierna adelantada, cambiarle el nombre lo hice par que mis alumnos subieran diferenciar de forma clara la diferencia entre el golpeo de esta técnica con la pierna y la de atrás. Igual que ocurre con los puños, al hablar del jab, nos viene a la mente un golpe percutante cuya mayor eficacia radica en su velocidad, algo así ocurre con este golpe de pierna, tiene que percutar y estallar en la pierna del rival a gran velocidad.

Es una patada que nos permite encadenar con rapidez con golpes de puño e incluso con una patada frontal con la misma pierna.

Es importante que al lanzarla intentemos darle la máxima extensión posible, alejando nuestra cabeza de un posible ataque de puños por parte del rival.

17. LOW KICK

El low kick es una patada sencilla de realizar, que no necesita de una espectacular elasticidad para poder ejecutarla con efectividad. Como en todas las patadas circulares, es imprescindible girar el pie de apoyo.

La zona de contacto del low kick en particular y de las patadas circulares en general, debe ser la tibia, si empleamos el empeine para golpear con toda nuestra potencia podemos sufrir lesiones en los pequeños huesos que forman el pie.

El low kick, como patada, tiene su propia idiosincrasia ya que, al contrario que otras patadas, no es necesario estirar completamente la pierna, se puede lanzar con la pierna doblada y añadiendo un movimiento hacia delante de la cadera.

Respira, respira que te ahogas

Estamos a punto de estrenar el saco que nos acabamos de comprar, pero dejarme que previamente os explique un poco como debemos de respirar antes de empezar a golpear, uno de los errores más comunes que comenten los principiantes es golpear en apnea, eso produce un fatiga prematura que seguramente nos impida acabar los asaltos que nos habíamos planteado hacer.

Cuando hablo con mis alumnos de este tema les pongo un ejemplo que entienden perfectamente.

Lo habréis vivido con vuestros hijos, con algún sobrinillo e incluso con un hermanito pequeño, cuando ellos empiezan a leer, lo hacen sin tener en cuenta los puntos y las comas, eso les hace tener serias dificultades para acabar un párrafo entero, cuando realmente están apurados cogen una bocanada gigante de aire y siguen leyendo.

Este ejemplo se puede extrapolar perfectamente a los que empiezan a golpear el saco, solo se acuerdan de respirar cuando realmente se han vaciado completamente.

Es importante saber respirar bien para recuperar y dotar de oxígeno al musculo antes de iniciar la acción.

1. El aire se coge por la nariz y se suelta por la boca. De esta manera respiraremos en una larga distancia, mientras que en la media y corta, respiraremos solamente por la nariz, asegurándonos de que llevamos la boca cerrada.

2. Cogeremos oxígeno profundamente antes de iniciar cualquier acción, dotando a los músculos de la energía necesaria.

3. Sincronizaremos el momento de atacar con el expulsar el aire por la nariz. De esta manera, prepararemos la musculatura para un posible impacto.

Recuerda... Dosifica

Un combate tiene un tiempo determinado con un periodo de descanso entre asalto y asalto, durante el transcurso de un asalto es muy importante no bajar la intensidad ni de nuestras técnicas ofensivas ni defensivas, hacerlo significaría darle la oportunidad a nuestro rival de marcar los tiempos del combate y ponernos en serias dificultades.

Por ese motivo a la hora de trabajar con el saco, vamos poco a poco a intentar acercarnos a cumplir con los tiempos que se utilizan en los combates, asaltos de tres minutos si hablamos de boxeo o kickboxing o de cinco si eres un amante de las Artes Marciales Mixtas (MMA).

Intenta mantener un ritmo continuado, no te vacíes el primer minuto y luego te quedes los otros dos sin poder casi ni levantar los guantes.

Os voy a poner un ejemplo concreto para que os deis cuanta de la importancia de aprender a dosificarse y para ello os voy a hablar de uno de los boxeadores más temidos de la historia del boxeo, Mike Tyson.

Mike Tyson dominaba a la perfección los factores referentes a saber golpear y saber encajar, sin lugar, a dudas ha sido un pegador espeluznante, pero ha pasado serias dificultades cuando alguno de sus rivales ha logrado sobrevivir a sus primeros asaltos, ¿Por qué ocurría esto? Estaremos de acuerdo que Tyson no olvidaba como se boxeaba a partir del quinto round, entonces, ¿Qué sucedía? Simplemente que no se dosificaba, lanzaba todo al principio para acabar el combate cuanto antes, pero si esto no ocurría pasaba verdaderos apuros, así le ganó Evander Holyfield en el primer enfrentamiento entre ambos.

Un pegador único, un gran encajador como Tyson quedo a merced de Holyfield en el asalto once, estaba agotado de dar y recibir golpes, el árbitro paro la pelea y Tyson flotando nos pareció el hombre más frágil del mundo.

Holyfield en cambio supo aguantar las acometidas salvajes de Tyson, atacó sin piedad cuando Tyson era más vulnerable y se dosifico perfectamente porque era consciente de que su mejor arma iba a ser el cansancio de Tyson, ¿su estrategia? Intentar alargar el combate al máximo.

Cuando el cansancio se adueña de nuestro cuerpo los ataques se vuelven lentos y débiles, nuestro sistema defensivo se vuelve endeble y vulnerable, de repente parecerá que nuestro rival ataca con una velocidad endiablada e inhumana y nosotros intentaremos responder a cámara lenta, claramente el combate se estará declinando hacía el lado de nuestro rival. La derrota caerá implacable e inmisericorde sobre nosotros, solo una ley que se puede aplicar sobre un ring podrá darle la vuelta a la situación, la ley de lo imprevisible, es decir, que un golpe aislado deje KO a nuestro adversario, pero en un combate confiar en que la ley de lo imprevisible nos solucione lo que no hemos podido resolver con otros argumentos es como confiar que nuestra vida mejore con un gran premio de la lotería, suceder, sucede pero Un pegador único, un gran encajador como Tyson quedo a merced de Holyfield en el asalto once, estaba agotado de dar y recibir golpes, el árbitro paro la pelea y Tyson flotando nos pareció el hombre más frágil del mundo.

Holyfield en cambio supo aguantar las acometidas salvajes de Tyson, atacó sin piedad cuando Tyson era más vulnerable y se dosifico perfectamente porque era consciente de que su mejor arma iba a ser el cansancio de Tyson, ¿su estrategia? Intentar alargar el combate al máximo.

Cuando el cansancio se adueña de nuestro cuerpo los ataques se vuelven lentos y débiles, nuestro sistema defensivo se vuelve endeble y vulnerable, de repente parecerá que nuestro rival ataca con una velocidad endiablada e inhumana y nosotros intentaremos responder a cámara lenta, claramente el combate se estará declinando hacía el lado de nuestro rival. La derrota caerá implacable e inmisericorde sobre nosotros, solo una ley que se puede aplicar sobre un ring podrá darle la vuelta a la situación, la ley de lo imprevisible, es decir, que un golpe aislado deje KO a nuestro adversario, pero en un combate confiar en que la ley de lo imprevisible nos solucione lo que no hemos podido resolver con otros argumentos es como confiar que nuestra vida mejore con un gran premio de la lotería, suceder, sucede pero personalmente nunca he sido partidario de confiar mí futuro únicamente al azar.

Entrenando ¡¡¡a saco!!

Una vez que conocemos los golpes tenemos que ponerlos a funcionar golpeando el saco, por supuesto, para automatizar los gestos lo mejor es hacerlo de forma aislada y con un numero de series y repeticiones determinadas igual que se hace en el entrenamiento de musculación, por ejemplo, tres series de doce repeticiones de Jab, eso nos va permitir cuantificar nuestro entreno.

Una vez hecho este tipo de entrenamiento podemos pasar a encadenar los golpes para buscar diferentes objetivos.

A continuación, paso a detallaros algunas formas de trabajo, recordad que para aumentar la carga del entrenamiento podéis hacerlo de tres formas diferentes.

I.   Aumentando el número de asaltos.
II.   Aumentando el tiempo de cada asalto.
III.   Disminuyendo el tiempo de descanso

En el saco podemos trabajar para:

Mejorar la pegada

Si el objetivo es mejorar nuestra pegada vamos a trabajar con el saco asaltos cortos, de quince segundos, por ejemplo, y en cada golpe vamos a tirar con todo. Podemos empezar haciendo tres asaltos que sería la duración de un combate amateur de boxeo. Entre asalto y asalto el tiempo de descanso seria de un minuto para seguir fieles al reglamento de los deportes de contacto.

Es importante para este tipo de trabajo hacer hincapié en el vendaje, asegurar bien vuestras muñecas porque puede ser dañino para ellas.

Mejorar la velocidad

En este caso los asaltos también tienen que ser cortos, es imposible mejorar la velocidad si nuestros músculos están fatigados.

Así que trabajaremos asaltos de diez o quince segundos sacando nuestras combinaciones lo más rápido que podamos. La recuperación en este trabajo es importante, así que mínimo un minuto de parón para poder empezar el siguiente round recuperados del todo. Tres asaltos dándolo todo sería genial.

Mejorar la resistencia

Al contrario que en los dos tipos de trabajo anteriores, en este vamos a aumentar el tiempo de trabajo, deberemos sacar nuestras "combos" al máximo de fuerza y velocidad, veréis como según pasa el tiempo, lógicamente, nos iremos cansando y bajaremos el ritmo, es entonces, cuando empieza el trabajo, la idea es intentar mantener un ritmo alto el mayor tiempo posible.

Para empezar, yo haría un minuto de trabajo y uno de descanso. Creo que tres asaltos para empezar estarían bien, pero ya sabéis que depende de vuestro estado de forma, siempre podéis aumentar el tiempo de cada asalto, o el número de rounds.

Mejorar la coordinación

Este trabajo nos ayudara a "No pensar" a la hora de sacar combinaciones de puño/pierna.

La idea es sacar la cadena (pierna – puño – puño – pierna), donde hay que lanzar pierna podemos sacar cualquier patada, incluido rodilla. A la hora de lanzar puños podemos sacar cualquier puñetazo incluyendo codos.

Asalto de un minuto con uno de descanso y haremos tres asaltos.

Mejorar juego de piernas

En este tipo de trabajo no sacaremos golpes, la idea es hacer que el saco se balancee y nosotros nos desplazaremos alrededor de él siguiendo los conceptos que hemos aprendido en el capítulo dedicado al "Juego de piernas".

Recordad que lo básico es no cruzar los pies ni ponerlos en línea, trabajar relajados e intentar fluir de un sitio a otro con naturalidad, al principio la tendencia es hacerlo muy mecánico y pareceréis robots, pero poco a poco tenéis que ir dándole muestro rollo, vuestra personalidad.

El "juego de piernas" se asocia casi siempre a la escuela cubana de boxeo.

Tres asaltos de un minuto, con uno de descanso estarían bien.

Mejorar en la Inside Fighting

En ingles, Inside Fighting, para nosotros, la distancia corta, o como la habréis oído también a algunos comentaristas de boxeo si seguís alguna velada por televisión o internet, la distancia de la verdad, porque todos los golpes entran o la distancia del dinero, porque es un tipo de combate que hace vibrar al aficionado, una distancia que probablemente sea una de las características principales del boxeo mejicano.

Vamos a utilizar una goma elástica para ayudarnos a que el saco no se aleje demasiado, la idea es trabajar golpes cortos, si hacemos un trabajo específico de boxeo, hablaríamos de crochet, uppercut y hook. Si hablamos de K1, a estos golpes les añadiríamos las rodillas y si estamos pensando en Muay Thai o MMA, por supuesto, a todo esto le añadiríamos también los codos.

Trabajo intenso, el hecho de que el saco vuelva hace que la cadencia de golpes sea alta, trabajaremos tres asaltos de un minuto con uno de descanso, pero aquí le idea al igual que en el próximo trabajo seria llegar mínimo a tres asaltos de tres minutos con uno minuto de descanso entre asalto y asalto.

Mejorar Sparring

Entendemos por sparring o "guantear" el combate suave con un compañero, he querido utilizar la palabra sparring para este trabajo para definir de forma concreta que aquí lo que vamos a hacer es un trabajo libre, donde tenemos que ser imaginativos para crear combinaciones que nos hagan utilizar todo nuestro arsenal técnico.

La idea en este trabajo seria acercarnos a lo que sería un combate, por lo que cada golpe debería ser tirado "de verdad" al cien por cien de fuerza, de velocidad y de intención.

Meteros en el papel, ahora ya sois Rocky y estáis peleando por el título mundial de boxeo, frente al saco vaciaros, sacarlo todo, es un trabajo súper completo que os hará trabajar todo el cuerpo a nivel muscular y cardiovascular.

La idea sería llegar mínimo a tres asaltos de tres minutos, con un minuto de descanso entre asalto y asalto y el objetivo que tenemos que tener en nuestra mente seria luchar por el Campeonato del Mundo de Saco que sería aguantar a tope doce asaltos de tres minutos con un minuto de descanso.